DINOSAURES

Les dinosaures sont des créatures ayant habité la Terre il y a des millions d'années.

Plus précisément, ils vivaient à l'ère Mésozoïque, de la fin du Trias à la fin du Crétacé.

De 235 millions d'années...

...à 65 millions d'années environ

TRIAS TARDIF

Il s'étend de 235 millions d'années à environ 200 millions d'années.

JURASSIQUE

Il a commencé il y a 200 millions d'années et s'est terminé il y a 145 millions d'années.

CRÉTACÉ

Il a commencé il y a 145 millions d'années et s'est terminé il y a 65 millions d'années.

Tout ce que nous savons sur les dinosaures, nous le devons aux paléontologues.

Ces chercheurs se consacrent à l'étude des fossiles qu'ils trouvent.

Fossiles : il s'agit de restes d'ossements pétrifiés, de dents, d'empreintes de pieds...

A QUOi RESSEMBLAiENT-iLS ?

- Les dinosaures faisaient partie de la famille des reptiles. Il s'agissait d'animaux vertébrés.
- La plupart des espèces avaient le corps recouvert d'écailles dures.
- Ils étaient tous ovipares, c'est-à-dire qu'ils éclosaient à partir d'œufs.

- Ils possédaient quatre pattes et une queue.
- Parmi eux, certains étaient massifs, comme le Brachiosaurus, qui pouvait mesurer 13 m de haut et 25 m de long.
- Certains étaient petits, comme le Compsognathus, dont la longueur maximale était de 1,5 m.

QUE MANGEAIENT-ILS ?

Les dinosaures pouvaient se nourrir de viande, de plantes, ou des deux.

CARNIVORES

Ils se nourrissaient d'autres animaux, comme les mammifères, les poissons, les insectes et même d'autres dinosaures.

Tyrannosaurus rex

HERBIVORES

Ils ne mangeaient que des plantes, des feuilles d'arbres et toutes sortes de végétaux.

Triceratops

OMNIVORES

Ils pouvaient se nourrir de plantes, d'insectes, de petits animaux et même d'autres dinosaures.

Caudipteryx

OÙ VIVAIENT-ILS ?

On peut affirmer qu'en général, les dinosaures étaient des animaux terrestres.

Certains étaient quadrupèdes, puisqu'ils marchaient avec leurs quatre pattes.

D'autres étaient bipèdes car ils marchaient sur leurs pattes arrière. Celles de devant, en guise de bras, étaient plus courtes.

Diplodocus

Velociraptor

Il existait également des reptiles marins massifs.

Ils se divisaient, en gros, en trois types : les Ichtyosaures, les Plésiosaures et les Mosasaures.

Enfin, les reptiles volants sont les premiers vertébrés à avoir développé la capacité de voler.

LES 2 GRANDS GROUPES

Les dinosaures sont généralement classés en deux grands groupes en fonction de la forme de leurs hanches

ORNITHISCHIENS

Les dinosaures ornithischiens possédaient des hanches de forme similaire à celles des oiseaux. Ils étaient herbivores et se nourrissaient de plantes ou de végétaux.

Iguanodon

SAURISCHIENS

Les dinosaures saurischiens possédaient des hanches semblables à celles des lézards. Selon les espèces, ils pouvaient être herbivores ou carnivores.

Apatosaurus
(herbivore)

Spinosaurus
(carnivore)

À la fin du livre, vous trouverez des fiches descriptives sur les espèces de dinosaures les plus connues !

COMMENT SE SONT-ILS ÉTEINTS ?

Bien que la véritable raison de l'extinction des dinosaures soit encore méconnue, la théorie la plus acceptée est que celle-ci soit due à l'impact d'une météorite sur la Terre.

Les chercheurs ont découvert l'impact d'une météorite dans la péninsule du Yucatan, au Mexique, dont l'âge est de 65 millions d'années.

Souvenez-vous que les dinosaures se sont éteints il y a 65 millions d'années !

Cependant, ce n'est pas directement l'impact d'une météorite qui a causé cette extinction :

- L'impact a provoqué des méga-tsunamis qui ont balayé la quasi-totalité de la planète.
- Il a provoqué des tremblements de terre et des éruptions volcaniques.
- Un nuage de cendres et de poussière a bloqué la lumière du soleil. Les plantes moururent, et la planète devint froide et inhabitable.

QUELQUES FAITS

En réalité, il existait uniquement des dinosaures terrestres. En effet, remarquez que dans le livre, nous avons parlé de reptiles marins et de reptiles volants, et non de ~~dinosaures marins~~ ou de ~~dinosaures volants~~.

Le mot "dinosaure" vient du grec deinos (terrible) et saurus (lézard), c'est-à-dire "terrible lézard".

Les humains n'ont pas coexisté avec les dinosaures. Les premiers humains sont apparus des millions d'années après l'extinction des dinosaures.

Certains dinosaures avaient des bras minuscules et de grandes queues pour équilibrer leur poids afin de ne pas tomber en avant. C'est le cas du T-Rex.

Au temps des dinosaures, la planète Terre était unie en un seul continent appelé Pangée.

On pense que la première découverte d'un os de dinosaure a eu lieu en Chine il y a environ 3 500 ans. Comme on ne savait encore rien des dinosaures, les Chinois pensaient avoir découvert un os de dragon.

T- REX

- **Hauteur** : 4 mètres
- **Longueur** : 13 mètres
- **Poids** : 6-8 tonnes
- **Déplacement** : bipède
- **Vitesse** : 30 km/h
- **Groupe** : saurischiens
- **Régime** alimentaire : carnivore
- **Période** : Crétacé supérieur
- **Signification du nom** : le roi des lézards tyrans

- On a retrouvé des restes fossiles de Tyrannosaurus rex au Canada et aux États-Unis.
- Il tient son nom du mot grec Tyranno et fait référence à l'abus de son pouvoir et à sa supériorité sur les autres.

VELOCIRAPTOR

- **Hauteur** : 0,5 mètre
- **Longueur** : 2 mètres
- **Poids** : 15kg
- **Déplacement** : bipède
- **Vitesse** : 40 km/h
- **Groupe** : saurischiens
- **Régime alimentaire** : carnivore
- **Période** : Crétacé supérieur
- **Signification du nom** : chasseur rapide

- On a retrouvé ses fossiles en Asie centrale, en Mongolie.
- L'image ci-contre représente l'idée habituelle d'un Velociraptor, mais les dernières études montrent qu'il aurait pu avoir des plumes.

BRACHIOSAURUS

- **Hauteur** : 13 mètres
- **Longueur** : 25 mètres
- **Poids** : 35-90 tonnes
- **Déplacement** : quadrupède
- **Vitesse** : 20 km/h
- **Groupe** : ornithischiens
- **Régime alimentaire** : herbivore
- **Période** : Jurassique supérieur
- **Signification du nom** : lézard avec des bras

- On a retrouvé ses fossiles principalement en Amérique du Nord, mais aussi au Portugal, en Algérie et en Tanzanie.
- Son cou pouvait mesurer environ 9 m, ce qui lui permettait de se nourrir des feuilles des plus grands arbres.

TRICERATOPS

- **Hauteur** : 3 mètres
- **Longueur** : 9 mètres
- **Poids** : 6-10 tonnes
- **Déplacement** : quadrupède
- **Vitesse** : 30 km/h
- **Groupe** : ornithischiens
- **Régime alimentaire** : herbivore
- **Période** : Crétacé
- **Signification du nom** : visage à trois cornes

- Le Triceratops vivait dans ce qui est aujourd'hui l'Amérique du Nord.
- En dépit de sa taille et de son apparence féroce, le Triceratops est le dinosaure connu le plus docile et le plus apprivoisé.

DIPLODOCUS

- **Hauteur** : 4 mètres
- **Longueur** : 27 mètres
- **Poids** : 22 tonnes
- **Déplacement** : quadrupède
- **Vitesse** : 24 km/h
- **Groupe** : saurischiens
- **Régime alimentaire** : herbivore
- **Période** : Jurassique supérieur
- **Signification du nom** : double faisceau

- Il tient son nom des doubles os de sa queue.
- Ses restes fossiles ont été découverts aux États-Unis.
- Diplodocus pouvait fouetter sa queue à une vitesse de plus de 100 km/h !

STEGOSAURUS

- **Hauteur** : 4 mètres
- **Longueur** : 9 mètres
- **Poids** : 3-5 tonnes
- **Déplacement** : bipède
- **Vitesse** : 7 km/h
- **Groupe** : ornithischiens
- **Régime alimentaire** : herbivore
- **Période** : Jurassique supérieur
- **Signification du nom** : lézard à toit

- Il tient son nom du fait que, dans un premier temps, on a cru que ses plaques étaient posées à plat, comme les tuiles d'un toit, pour servir de protection.
- Des fossiles ont été trouvés en Amérique du Nord et en Europe.

IGUANODON

- **Hauteur** : 3 mètres
- **Longueur** : 10 mètres
- **Poids** : 3,5 à 5 tonnes
- **Déplacement** : bipède/quadrupède
- **Vitesse** : 24 km/h
- **Groupe** : ornithischiens
- **Régime alimentaire** : herbivore
- **Période** : Crétacé inférieur
- **Signification du nom** : dent d'iguane

- Il tient son nom de la ressemblance de ses dents avec celles des iguanes actuels.
- Des fossiles d'Iguanodon ont été trouvés dans différents endroits : Espagne, Belgique, Angleterre, Allemagne, États-Unis et Afrique du Nord.

SPINOSAURUS

- **Hauteur** : 5 mètres
- **Longueur** : 15 mètres
- **Poids** : 7-9 tonnes
- **Déplacement** : bipède
- **Vitesse** : 15 km/h
- **Groupe** : saurischiens
- **Régime alimentaire** : carnivore
- **Période** : Crétacé
- **Signification du nom** : lézard à épines

- Son nom fait référence à sa grande nageoire dorsale.
- Il était probablement le plus grand dinosaure carnivore, dépassant même le redouté T-Rex !
- Il pouvait se déplacer à grande vitesse dans l'eau, où il chassait ses proies.

PARASAUROLOPHUS

- **Hauteur** : 4 mètres
- **Longueur** : 10 mètres
- **Poids** : 3-5 tonnes
- **Déplacement**: bipède/quadrupède
- **Vitesse** : 35 km/h
- **Groupe** : ornithischiens
- **Régime alimentaire** : herbivore
- **Période** : Crétacé supérieur
- **Signification du nom** : lézard à crête proche

- Il tient son nom de sa ressemblance avec le Saurolophus ("lézard à crête").
- Ses fossiles ont été trouvés dans des régions du Canada et des États-Unis.

ANKYLOSAURUS

- **Hauteur** : 2 mètres
- **Longueur** : 8 mètres
- **Poids** : 5-8 tonnes
- **Déplacement** : quadrupède
- **Vitesse** : 20 km/h
- **Groupe** : ornithischiens
- **Régime alimentaire** : herbivore
- **Période** : Crétacé supérieur
- **Signification du nom** : lézard blindé

- Il avait une armure composée de plaques osseuses qui couvraient tout son corps, à l'exception de son ventre.
- Sa queue terminée en forme de marteau est également caractéristique.
- Il vivait dans la région de l'actuelle Amérique du Nord.

MAMENCHISAURUS

- **Hauteur** : 10 mètres
- **Longueur** : 25 mètres
- **Poids** : 20-35 tonnes
- **Déplacement** : bipède
- **Vitesse** : 13 km/h
- **Groupe** : saurischiens
- **Régime alimentaire** : herbivore
- **Période** : Jurassique supérieur
- **Signification du nom** : Lézard Mamenchi

- Ses restes fossiles ont été trouvés en Chine.
- Il se distingue par son cou, qui pouvait mesurer presque la moitié de son corps entier, soit environ 10 mètres.

DILOPHOSAURUS

- **Hauteur** : 2 mètres
- **Longueur** : 7 mètres
- **Poids** : 400-500 kg
- **Déplacement** : bipède
- **Vitesse** : 40 km/h
- **Groupe** : saurischiens
- **Régime alimentaire** : carnivore
- **Période** : Jurassique inférieur
- **Signification du nom** : lézard à deux crêtes

- Vivait dans ce qui est maintenant l'Amérique du Nord.
- Il est célèbre pour la scène du film "Jurassic Park" dans laquelle il crache du poison. La vérité est qu'il ne pouvait pas cracher d'acide ou de venin. Il n'avait pas non plus de membrane déployable autour du cou, comme le montre également le film.

Nous voilà arrivés à la fin.

Le monde des dinosaures est, sans aucun doute, plein de choses surprenantes.

Nous en apprenons chaque année davantage sur eux, et de nouvelles espèces sont même découvertes. Il serait très intéressant de découvrir quelles nouvelles données nous pourrons désormais obtenir sur ces êtres fantastiques qui ont habité notre planète des millions d'années avant notre existence.

Je tiens à vous demander une petite faveur pour que ce livre puisse toucher un plus grand nombre de personnes : attribuez-lui un avis sincère sur la plateforme où vous l'avez acheté.

Avec ce petit geste, vous m'aiderez à réaliser de nouveaux projets.

J'ai hâte de commencer à créer mon prochain livre pour vous !

Vous pouvez laisser votre avis directement ici. Cela ne vous prendra que quelques secondes.

www.amzn.to/3uwSSmK

SCAN ME

Merci d'avance de prendre le temps de partager votre expérience. J'apprécie votre aide!

À bientôt !

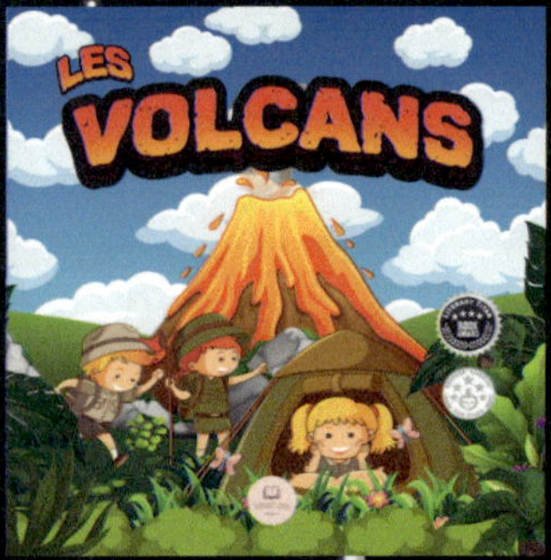

APPRENEZ AVEC NOS
LIVRES ÉDUCATIFS POUR ENFANTS

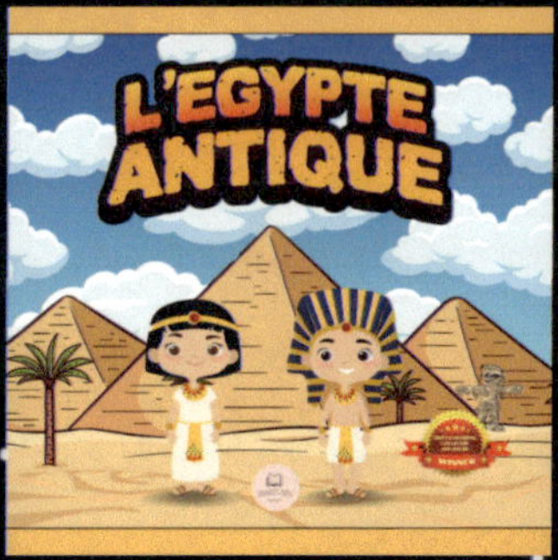

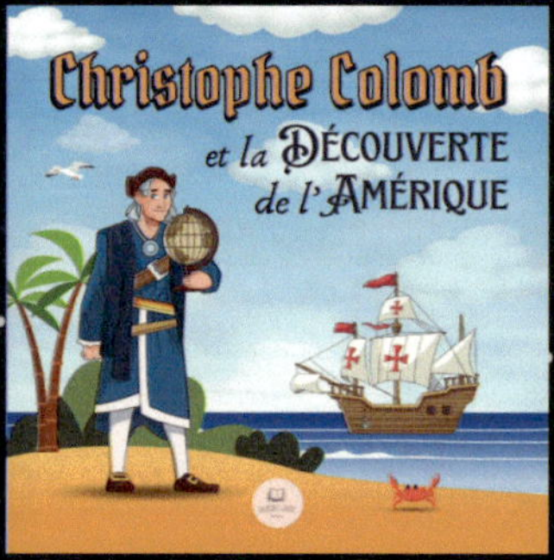

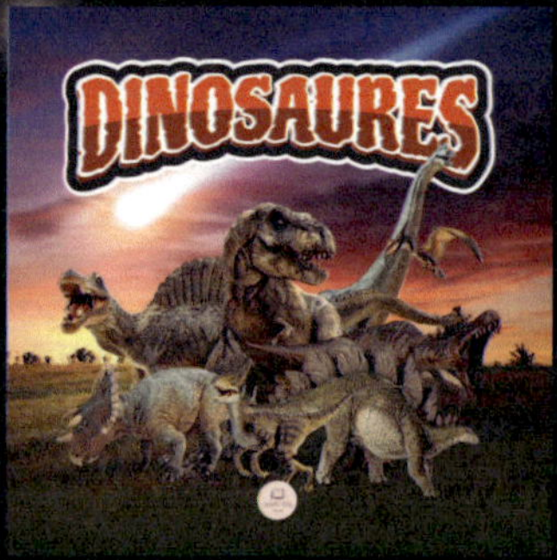

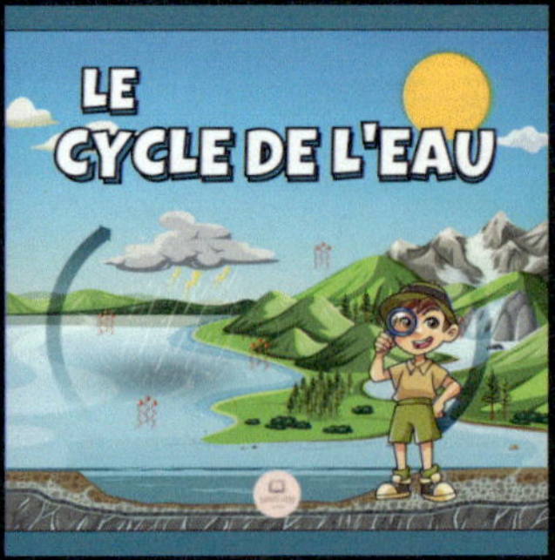

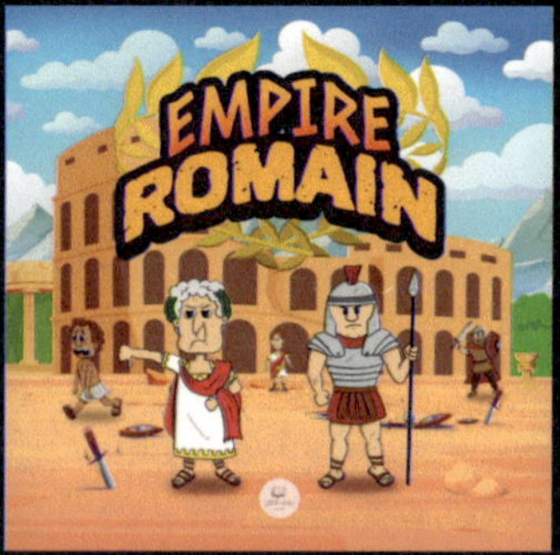

SCAN ME

SCAN ME

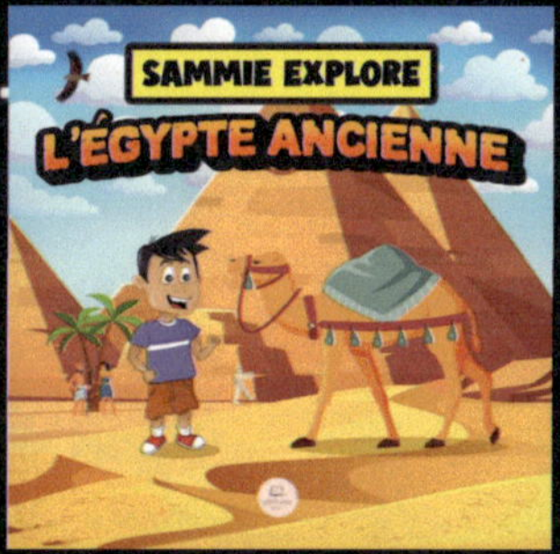

SCAN ME

SCAN ME

SCAN ME

Avez-vous des idées pour un nouveau livre ? J'adore entendre les pensées et les suggestions de mes jeunes lecteurs !

S'il y a un sujet que vous aimeriez voir abordé dans un prochain livre, faites-le-moi savoir ! Contactez-moi par e-mail et j'examinerai votre suggestion. N'oubliez pas que cela doit être un sujet éducatif !

contacto@samueljohnbooks.com

Samuel John

BOOKS

www.pge.me/pourenfants

contacto@samueljohnbooks.com

www.amazon.com/author/samueljohnbooks

Made in the USA
Monee, IL
14 November 2026

68487103R00031